BEI GRIN MACHT SICH IHR WISSEN BEZAHLT

- Wir veröffentlichen Ihre Hausarbeit, Bachelor- und Masterarbeit

- Ihr eigenes eBook und Buch - weltweit in allen wichtigen Shops

- Verdienen Sie an jedem Verkauf

Jetzt bei www.GRIN.com hochladen und kostenlos publizieren

Nervensystem, Hypophyse und Biofeedback in der biologischen Psychologie

Bibliografische Information der Deutschen Nationalbibliothek:

Die Deutsche Nationalbibliothek verzeichnet diese Publikation in der Deutschen Nationalbibliografie; detaillierte bibliografische Daten sind im Internet über http://dnb.d-nb.de abrufbar.

ISBN: 9783346540171
Dieses Buch ist auch als E-Book erhältlich.

Druck und Bindung: Books on Demand GmbH, Norderstedt Germany
Gedruckt auf säurefreiem Papier aus verantwortungsvollen Quellen

Das vorliegende Werk wurde sorgfältig erarbeitet. Dennoch übernehmen Autoren und Verlag für die Richtigkeit von Angaben, Hinweisen, Links und Ratschlägen sowie eventuelle Druckfehler keine Haftung.

Das Buch bei GRIN: https://www.grin.com/document/1149197

Einsendeaufgabe

Biologische Psychologie

Abgeben am 07.07.2021 im Prüfungssekretariat

Modul: Biologische Psychologie

Studiengang: B. Sc. Psychologie

Inhaltsverzeichnis

Abkürzungsverzeichnis

ACTH	Adrenocorticotropes Hormon
ADH	Antidiuretisches Hormon
ADHS	Aufmerksamkeitsdefizit-Hyperaktivitätsstörung
ADS	Aufmerksamkeits-Defizit-Syndrom
ANS	Autonomes Nervensystem
Bzw.	Beziehungsweise
Ca.	Circa
CRH	Corticotropin-Releasing-Hormon
EEG	Elektroenzephalografie
Et al.	Et alii
Etc.	Et cetera
GHIH	Somatotropin-inhibitory hormone (Somtostatin)
GHRH	Somatotropin-releasing hormone (Somatoliberin)
HHNS	Hypothalamus-Hypophysen-Nebennierenrinden-System
PNS	Peripheres Nervensystem
PTBS	Posttraumatische Belastungsstörung
S.	Seite
SCP-Training	Slow-Cortical-Potentials-Training
SNS	Somatisches Nervensystem
STH	Somatotropines Hormon
z.B.	Zum Beispiel
ZNS	Zentrales Nervensystem

Abbildungsverzeichnis

Tabellenverzeichnis

1. Das Nervensystem

Das Nervensystem ist ein aus Milliarden spezialisierten Nervenzellen bestehendes elektronisches Hochgeschwindigkeitskommunikationsnetzwerk, durch welches Informationen von der Umwelt oder dem Körpergewebe aufgenommen werden, Entscheidungen getroffen werden und Informationen bzw. Befehle zurück an das Körpergewebe gesendet werden können (Gerrig, 2018, S. 108; Myers, 2014, S. 58). Die zwei Hauptbereiche des Nervensystems stellen das zentrale Nervensystem (ZNS) und das periphere Nervensystem (PNS) dar (Gerrig, 2018, S. 108). Während das ZNS als Entscheidungsträger des Körpers aus dem Gehirn und Rückenmark gebildet wird, dient das PNS zum Sammeln von Informationen und Weiterleitung der Entscheidungen des ZNS (Myers, 2014, S. 58). Das PNS umfasst alle sensorischen Neurone und Motoneurone, die das ZNS mit dem Körper verbinden. Somit setzt es sich aus den Hirn- und Spinalnerven sowie den Neuronen des autonomen Nervensystems zusammen (Assen, 2019, S. 80). In den folgenden Kapiteln soll das periphere Nervensystem genauer beleuchtet werden, welches wiederum in das somatische Nervensystem und vegetative Nervensystem unterteilt wird (Myers, 2014, S. 58-59). Dessen Funktion und Unterschiede sollen dabei aufgezeigt werden.

Die hierarchische Struktur des menschlichen Nervensystems wird zusammenfassend in Abbildung 1 bildlich dargestellt.

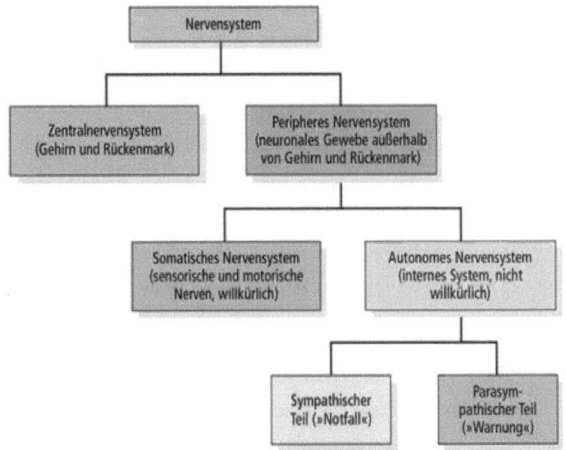

Abbildung 1: Die hierarchische STruktur des Nervensystems (Quelle: Gerrig, 2018, S. 109)

1

1.1 Das somatische Nervensystem

Das somatische Nervensystem (SNS), auch skelettales Nervensystem genannt, „ist der Teil des PNS, der mit der Umwelt interagiert" (Becker-Carus & Wendt, 2017, S. 43). Das SNS unterliegt willentlicher Kontrolle und gliedert sich in einen efferenten und einen afferenten Anteil (Becker-Carus & Wendt, 2017, S. 43-44).

Efferente Nerven, sind Nervenbahnen, die vom ZNS wegführen (Schmithüsen, 2015, S.

164). Sie leiten generierte Signale des ZNS und die über die absteigenden Bahnen des

Rückenmarks zugeführten Signale in die Körperperipherie und Erfolgsorgane (FoltaSchoofs & Ostermann, 2019, S. 65). Das SNS kontrolliert über diesen motorischen Anteil die Motorik der Skeletmuskulatur und steuert folglich alle willkürlichen und reflexiven Körperreaktionen (Assen, 2019, S. 80; Becker-Carus & Wendt, 2017, S. 44). Alle Efferenzen (Impulse), die zu den Skelettmuskeln hinführen nennt man dabei motorische Efferenzen, während Efferenzen, die zu den Drüsen, glatten Muskeln oder Herzmuskeln führen, vegetative Efferenzen genannt werden.

Die afferenten Nerven führen zum ZNS hin (Schmithüsen, 2015, S. 164). Dabei beinhaltet das SNS 12 Hirnnerven und 31 Spinalnerven (Folta-Schoofs & Ostermann, 2019, S. 65). Dieser sensorische Anteil des SNS leitet jene Informationen der Sinnesorgane und Körperrezeptoren zum Gehirn weiter, die der Wahrnehmung dienen (Becker-Carus &

Wendt, 2017, S. 44). In diesem Kontext werden Afferenzen, die von den Gelenken, der

Haut oder der Skelettmuskulatur ausgehen, somatische Afferenzen genannt. Viszerale Afferenzen sind solche Impulse, die von den Eingeweiden kommen (Schmithüsen, 2015, S. 164).

Jegliche Neurone, die mit den Skelettmuskeln, der Haut oder den Sinnesorganen verbunden sind, setzen das somatische Nervensystem zusammen (Assen, 2019, S. 80).

1.2 Das vegetative Nervensystem

Das vegetative Nervensystem wird auch als autonomes Nervensystem (ANS) bezeichnet und verbindet den Organismus mit seinen Eingeweiden (Folta-Schoofs & Ostermann, 2019, S. 66). Aufgabe des ANS ist die Steuerung der inneren Organe, die Nährstoff- sowie Sauerstoffversorgung und der Stoffwechselprodukte (Schmithüsen, 2015, S. 164). Dabei unterliegt es nicht wie das SNS der willentlichen Kontrolle des Individuums, sondern arbeitet selbstständig und ohne bewusste Impulse (Becker-Carus & Wendt, 2017,

S. 44; Schmithüsen, 2015, S. 164). Das ANS arbeitet durchgehend und folglich auch dann, wenn der Mensch beispielsweise schläft oder sich in Narkose befindet, und ist für die Aufrechterhaltung lebenswichtiger Prozesse verantwortlich (Becker-Carus & Wendt, 2017, S. 44; Gerrig, 2018, S. 110).

Das vegetative Nervensystem bildet sich aus zwei trennbaren Subsystemen, dem parasympathischen Nervensystem (Parasympathikus) und dem sympathischen Nervensystem (Sympathikus), die antagonistisch (gegensätzlich) arbeiten (Gerrig, 2018, S. 110; Rockstoh, 2011, S. 31).

Der Sympathikus stellt Energie in Bedrohungs- und Stresssituationen bereit, indem er für körperliche Erregung sorgt (Myers, 2014, S. 60). „Er entspringt thorakal und lumbal Zellkörpern des Rückenmarks und wird in Zellkörpern entlang dem Wirbelkanal, den sympathischen Ganglien, umgeschaltet" (Rockstoh, 2011, S. 31). Dabei heißt der Botenstoff vom präganglionalen zum postganglionalen Neuron Acetylcholin und der am Zielorgan ausgeschüttete Neurotransmitter Noradrenalin (Rockstoh, 2011, S. 31). Der Körper soll sich darauf vorbereiten die eingehende Bedrohung zu bekämpfen oder vor ihr zu fliehen. Dieses Aktionsmuster wird „Kampf-oder-Flucht-Reaktion" genannt (Gerrig, 2018, S. 110). Typische ergotrope Körperreaktionen sind dann zum Beispiel erweiterte Pupillen und gehemmte Tränensekretion, um möglichst viele Informationen wahrnehmen zu können, Innehalten der Verdauung, verstärkter Blutfluss von den inneren Organen zu den Muskeln und ein steigender Puls und Sauerstoffverbrauch (Gerrig, 2018, S. 110; Rockstoh, 2011, S. 31).

Endet die Gefahren- oder Stresssituation, setzt das parasympathische System wieder ein, welches den Körper wieder beruhigen soll und dem Organismus somit ermöglicht Energie zu sparen bzw. zu speichern (Gerrig, 2018, S. 110; Myers, 2014, S. 60). Der Parasympathikus ist der Gegenspieler des Sympathikus und ist trophotrop, also auf Ruhe ausgerichtet. Er soll die antagonistischen Prozesse des Sympathikus wieder herunterregulieren, woraus sich zum Beispiel ein verlangsamter Herzschlag und Puls, eine Reduktion der Atemfrequenz, ein verringerter Muskeltonus und die Einleitung von Verdauungsvorgänge ergeben (Becker-Carus & Wendt, 2017, S. 44; Folta-Schoof & Ostermann, 2019, S. 66). Somit überwacht das parasympathische System Routinefunktionen des Organismus. Darunter fallen unter anderem die Beseitigung von Abfallstoffen, der Schutz des visuellen Systems und die Langzeitversorgung mit Energie (Gerrig, 2018, S. 110-111). Die Nervenzellen des Parasympathikus entspringen im Sakralmark und im Hirnstamm, wobei prä- wie postganglionär Acetylcholin als Transmitter benutzt wird.

3

Somit steuern Sympathikus und Parasympathikus die gleichen Organe an, haben aber eine unterschiedliche antagonistische Wirkung auf diese (Schmithüsen, 2015, S, 171). Eine Übersicht über die Wirkweisen von Sympathikus und Parasympathikus findet sich in Tabelle 1.

	Sympathikus	Parasympathikus	
Herz	Zunahme der Herzfrequenz und Herzkontraktion	Abnahme der Herzfrequenz, Herzkontraktion	kein Effekt auf
Blutgefäße	Verengung	Kein Effekt	
Leber	Glykogenolyse: Abbau von Glykogen zur Energiegewinnung	Kein Effekt	
Verdauungs- system	Abnahme der Darmbewegung und der Sekretion von Verdau- ungsenzymen	Zunahme der Darmbewegungen Verdauungsenzymen	gen und d Sekretion
Schweißdrüsen	Sekretion	Kein Effekt	
Speicheldrüsen	Schwache Sekretion	Starke Sekretion	
Tränendrüsen	Kein Effekt	Sekretion	

Tabelle 1: Wirkungsweisen von Sympathikus und Parasympathikus (Quelle: Eigene Darstellung in Anlehnung an Schmithüsen, 2015, S. 171)

1.3 Unterschiede zwischen dem vegetativen und somatischen Nervensystem

Stellt man nun das vegetative Nervensystem dem somatischen Nervensystem vergleichend gegenüber, lassen sich folgende Unterschiede feststellen. Während das somatische Nervensystem vorwiegend für die Verbindung zwischen Organismus und der Umwelt verantwortlich ist und dabei die motorischen und sensorischen Informationen aufnimmt und steuert, ist das vegetative Nervensystem für die Verbindung Organismus und Eingeweiden zuständig und sorgt dabei für die Homöostase der physiologischen Körperfunktionen, wobei es sich auf Erregungszustände oder Ruhezustände einstellt (Becker-Carus & Wendt, 2017, S. 43-44; Folta-Schoofs & Ostermann, 2019, S. 66). Der signifikante Unterschied zwischen den beiden Systemen zeigt sich dabei in der Bewusstseinsform der Wahrnehmung und Steuerung, da das ANS nicht der Kontrolle des

Organismus unterliegt, sondern selbstständig arbeitet, das SNS aber weitestgehend dem Bewusstsein, der bewussten Wahrnehmung und Willkür der Motorik unterliegt. Dabei muss

4

aber einbezogen werden, dass auch einige viszeroafferente Signale eine bewusstwerdende Komponente tragen, wie zum Beispiel Eingeweideschmerzen, während körperliche Reaktionen wie Reflexe, die auch durch das SNS gesteuert werden, nicht der Kontrolle des Organismus unterliegen (Assen, 2019, S. 80).

2. Die Hypophyse

Wenn elektrische Signale vom Gehirn über das ZNS an die Zellen im Körper übermittelt werden, führt dies meist zu einer Erhöhung oder Senkung bestimmter Botenstoffe, die auch Hormone genannt werden. Das Hormonsystem bildet sich aus der Epiphyse, der Hypophyse, der Schilddrüse und Nebenschilddrüse, Nebennierenride, Pankreas sowie den weiblichen Eierstöcken bzw. den männlichen Hoden (Lobinger, Musculus & Bröker, 2021, S. 82). Im Folgenden wird der Fokus auf der Hypophyse gerichtet. Die Hypophyse oder auch Hirnhangdrüse (Glandula pituitaria) ist ein endokrines Organ und die wichtigste Drüse des endokrinen Systems (Myers, 2014, S. 63; Schiebler & Schmidt, 19987, S. 809). Sie ist bohnenförmig, wiegt zwischen 0,6 und 0,8 Gramm und ist über den Hypophysenstiel mit dem Hypothalamus verbunden (Schiebler & Schmidt, 19987, S. 809). Zusammen mit dem über ihr liegenden Hypothalamus „bildet sie eine zentrale Schaltstelle zwischen den Funktionen des Gehirns, dem autonomen Nervensystem und dem endokrinen Nervensystem" (Becker-Carus & Wendt, 2017, S. 46). Die Hypophyse kann in zwei morphologisch und entwicklungsgeschichtlich unterscheidbare Systeme gegliedert werden, den Hinterlappen und den Vorderlappen. Veranschaulicht ist dies in Abbildung 2.

Anmerkung der Redaktion: Diese Abbildung wurde aus urheberrechtlichen Gründen entfernt.

Abbildung 2: Lage und einzelne Teile der Hypophyse (Quelle: https://www.gesundheitsinformation.de/wiefunktioniert-die-hirnanhangsdruese.html)

Der Hinterlappen der Hypophyse wird auch Neurohypophyse genannt und ist Teil des Hypothalamus. Er besteht aus Nervenfasern, welche Botenstoffe, die vom Hypothalamus produziert wurden, ins Blut abgeben. Solche Botenstoffe sind Oxytocin (s. Kapitel 2.1) und Vasopressin (s. Kapitel 2.2). Der Hypophysenvorderlappen heißt auch Adenohypophyse und ist eine endokrine Drüse, welche für die Produktion von Releasing- und Inhibiting-Hormonen verantwortlich ist. Diese Hormone bewirken wiederum die Freisetzung von Hormonen aus peripheren endokrinen Drüsen und haben somit eine steuernde Wirkung und werden glandotrpe

5

Hormone genannt. Zusätzlich produziert der Hypophysenvorderlappen aber auch Effektorhormone, welche eine direkte Wirkung auf Effektororgane haben und nichtglandotrope Hormone darstellen (Birbaumer & Schmidt, 2006, S. 127; Rockstoh, 2011, S. 36-37).

In den folgenden Kapiteln sollen vier Hormone und ihre Funktion vorgestellt werden, die von der Hypophyse ausgeschüttet werden. Hormone werden nach Becker-Carus & Wendt (2017) wie folgt definiert: „Hormone sind chemische Botenstoffe, die von innersekretorischen Drüsen ausgeschieden werden und mit dem Blutstrom zu anderen, teils weit entfernten Teilen des Körpers transportiert werden, wo sie erkannt werden und spezifische Effekte auslösen" (S. 46). Ihre Aufgabe ist unter anderem die Steuerung des Stoffwechsels, des Wachstums, des Blutkreislaufes, des Immunsystems, des Sexualverhaltens sowie von Stressreaktionen (Becker-Carus & Wendt, 2017, S. 46).

2.1 Oxytocin

Oxytocin wird, wie auch Vasopressin im Hypothalamus durch den paraventriculären und supraoptischen Nucleus produziert, wobei dessen Axone durch den Hypophysenstiel in den Hypophysenhinterlappen reichen (Assen, 2016, S. 83). Oxytocin wird somit im Soma hypothalamischer Neurone produziert und zunächst in deren präsynaptischen Endigungen in der Neurohypophyse gespeichert. Daher ist Oxytocin ein hypophysäres Hormon. Bei einem einlaufenden Aktionspotential wird Oxytocin mittels axonalem Transport am Hypophysenhinterlappen produziert, dann in die Kapillaren abgegeben und gelangt darauffolgend über den Blutkreislauf zu den Zielorganen (Assen, 2016, S. 83; Birbaumer & Schmidt, 2006, S. 127). Vasopressin und Oxytocin sind beides Peptidhormone mit ähnlicher chemischer Struktur, haben aber unterschiedliche Wirkungen und Zielorgane. Zwei wichtige physiologische Funktionen nimmt Oxytocin bei der Geburt sowie nach der Geburt beim Stillen ein. So löst das Hormon zum Beispiel den Beginn der Geburtsphase durch rhythmische Kontraktionen der glatten Muskulatur die Wehen aus. Die Konzentrationsverhältnisse von Östrogen und Gestagen machen die Uterusmuskulatur gegen Ende der Schwangerschaft besonders empfindlich für die Wirkung des Oxytocins, wodurch es sich auch als wehenförderndes Mittel einsetzen lässt (Schandry, 2016, S. 189). Werden Mechanosensoren vom Uterus und Vagina durch die wachsende Frucht gereizt, führt die „auf nervalem Wege reflektorisch zur Ausschüttung von Oxytocin, das den Uterus zu Kontraktionen anregt, die wiederum zum Austreiben von Frucht und Mutterkuchen führen" (Birbaumer & Schmidt,

2010, S. 128). Dies nennt sich dann Ferguson-Reflex. Zudem führt der Saugreiz beim Stollvorgang über nervalem Weg zu Signalen an den Hypothalamus, wodurch wiederum mehr Oxytocin produziert und ausgeschüttet wird. Dabei hat das Oxytocin die Funktion an der Brustdrüse die Milchejektion auszulösen (Schandry, 2016, S. 189). Dem Hormon wird auch eine bedeutende Wirkung in sozialen Beziehungen zugeschrieben, wie hie der Mutter-KindBindung und wird daher auch als „Hormon der Mutterliebe" betitelt (Becker-Carus & Wendt, 2017, S. 519). Gleiches gilt für die Wirkung Oxytocins auf die Steuerung sexueller Annäherung und Bindung bei Männern und Frauen (Birbaumer & Schmidt, 2010, S. 128). So wird das Peptid beim Geschlechtsverkehr, aber auch bei anderweitigem Körperkontakt ausgeschüttet und scheint auch bei anderen Formen positiver sozialer Interaktionen involviert zu sein (Becker-Carus & Wendt, 2017, S. 520). So konnte bei Versuchspersonen, denen Oxytocin mittels Nasensprays verabreicht wurde, festgestellt werden, dass mehrere positive Verhaltenskonsequenzen ausgelöst wurden. Darunter zählten ein häufigerer Blickkontakt, eine Steigerung des Vertrauens, ein zunehmendes empathisches und großzügigeres Verhalten, ein besseres Erinnerungsvermögen für Gesichter sowie ein Abbau von Angst und Stress. Vor allem die letzte Beobachtung zeigt auf, dass Oxytocin auch als Stresshormon wirkt, da es in großen Mengen in belastenden Situationen, die Hilflosigkeit hervorrufen, ausgeschüttet wird. Zuletzt scheint Oxytocin auch bedeutsam für komplexe Gehirnfunktionen bei Lern- und Gedächtnisvorgängen zu sein, da bei zahlreichen Fasern vom Hypothalamus zu anderen Hirnregionen Rezeptoren für Oxytocin zu finden sind. Unter diese Zielgebiete fallen zum Beispiel der Hippocampus, die Amygdala oder bestimmte Rückenmarksgebiete (Schandry, 2016, S. 189-190).

2.2 Vasopressin

Wie auch Oxytocin ist Vasopressin ein hypophysäres Hormon, welches im Soma hypothalamischer Neurone produziert wird und über axonalen Transport in deren präsynaptischen Endigungen befördert und gespeichert wird. Die synaptische Freisetzung erfolgt dann über Blutkapillaren direkt in den Blutkreislauf (Birbaumer & Schmidt, 2010, S. 127). Vasopressin wird auch als antidiuretisches Hormon, kurz ADH bezeichnet und ist ein aus neun Aminosäuren bestehendes Peptid. Seine vaspressorische, also blutdrucksteigernde Wirkung, hat das Hormon nur bei pathologisch hohen Hormonkonzentrationen, wodurch der Name ADH geläufiger ist (Birbaumer & Schmidt,

2010, S. 128). Eine höhere ADH-Konzentration verursacht die Kontraktion der glatten Muskulatur, wobei kontrahierende Gefäßwände eine Steigerung des Blutdrucks bewirken Die Rezeptoren für osmotischen Druck im Bereich des Nucleus supraopticus regulieren dabei die Konzentration von Vasopressin, wobei bereits eine Erhöhung des osmotischen Drucks um 1% eine Ausschüttung von ADH bewirkt (Schandry, 2016, S. 188). Eine Hauptfunktion des ADHs zeigt sich daher in der Hemmung der Wasserausscheidungen in der Niere, da dessen vermehrte Freisetzung eine vermehrte Wasserretention in der Niere auslöst (Birbaumer & Schmidt, 2010, S. 18; Rockstoh, 2011, S. 36). Es fördert dadurch die Harnkonzentration in der Niere, um Diurese zu verhindern. Zusätzlich konnte ein Zusammenhang mit dem menschlichen Sexualverhalten festgestellt werden, wobei ADH mit der Intensität der sexuellen Aktivität korreliert. Ein weiterer Zusammenhang zeigte sich mit Lern- und Gedächtnisfunktionen. Ein Defizit bzw. Mangel an Vasopressinproduktion schwächt dabei beispielsweise das Erlernen von Vermeidungsreaktionen oder Bewältigung anderer bestimmter Lernaufgaben. Bei intranasaler Zufuhr von ADH konnte hingegen bei Versuchspersonen ein zunehmendes aggressives Verhalten, Angst sowie erhöhter erlebter Stress in sozialen Situationen festgestellt werden. Eine erklärende Wirkungskette für diese Phänomene konnte allerdings aufgrund der vielen Stellen im Gehirn, in denen ADH seine Wirkung entfaltet, noch nicht ermittelt werden (Schandry, 2016, S. 189).

2.3 Somatropin

Das Wachstumshormon Somatotropin (STH) wird im Hypophysenvorderlappen gebildetnund ist ein langkettiges Polypeptid (Czihak, Langer & Ziegler, 1976, S. 593; Schandry, 2016, S. 185). Es zeigt seine wichtigsten Wirkungen in der Stimulation des Proteinaufbaus, der Lipolyse, des Wachstums sowie in der Hemmung der Glukoseaufnahme in den Zellen, der Glykolyse und Gluconeogenese aus Aminosäuren. Dabei hat es kein einzelnes spezifisches Zielorgan. Stattdessen beeinflusst Somatotropin die Aktivität vieler Körperzellen. So mobilisiert es zum Beispiel bei der Lipolyse die Fettsäuren aus dem Fettgewebe oder steigert den Blutzuckerspiegel bzw. hemmt die Glukoseaufnahme in die Zellen (Schandry, 2016, S. 185-156). Zudem sind die Wirkungen des Somatotropins notwendige Bedingungen für die normale körperliche Entwicklung von Kindern (Birbaumer & Schmidt, 2010, S. 129). Schandry (2016) beschreibt dazu: „Durch die Anregung der Bildung wachstumsfördernder Faktoren insbesondere in der Leber, den Somatomedinen, wirkt es indirekt zusätzlich auf Wachstum von Knorpel, Knochen und Muskelgewebe" (S. 185). Bei Erwachsenen hingegen

8

wirkt das STH bezüglich der Feinregulierung verschiedener Prozesse zur Bereitstellung von Energie, wodurch es beispielsweise in Stresssituationen vermehrt ausgeschüttet wird (Schandry, 2016, S. 185). Somatotropin wird in pulsartigen Schüben 3-4 Mal pro Tag freigesetzt und zusätzlich im Tiefschlaf der ersten drei Nachtstunden ausgeschüttet. Die Ausschüttung wird durch die Balance des fördernden hypothalamischen Hormons, dem Somatoliberin (GHRH) und des hemmenden hypothalamischen Hormons, Somatostatin (GHIH) reguliert (Birbaumer & Schmidt, 2010, S. 129; Kleine & Rossmanith, 2014, S. 49).

Somatoliberin leitet als ReleasingHormon die Freisetzung von Hormonen der Hypophyse ein, wobei es in Schüben an die Hypophyse abgegeben wird und vorwiegend in nächtlichen Tiefschlafphasen freigesetzt wird (Kleine & Rossmanith, 2014, S. 49; Schandry, 2016, S. 185). Somatostatin wirkt hingegen hemmend auf die Freisetzung des Wachstumshormons und wird wie auch Somatoliberin im Hypothalamus produziert, zusätzlich aber auch von endokrinen Zellen des Magen-Darm-Trakts gebildet (Kleine & Rossmanith, 2014, S. 49; Schandry, 2016, S. 186). Weitere Funktionen von Somatostatin zeigen sich im Gehirn, wo es abhängig von seinem Wirkungsort eine Erhöhung oder Erniedrigung der Entladungsrate von Nervenzellen hervorrufen kann. Bei Tierversuchen, in denen Somatostatin ins Gehirn appliziert wurde, konnte festgestellt werden, dass sich das globale Aktivierungsniveau erhöhte, Tiefschlafphasen verringert wurden und sich eine Überempfindlichkeit für taktile Reize entwickelte. Des Weiteren beeinflusst GHIH auch die Produktion bedeutender Neurotransmitter im Gehirn wie Noradrenalin, Dopamin, Serotonin und Acetylcholin (Schandry, 2016, S. 186). Zusammenfassend hält Schandry (2016) fest: „Das Somatostatin stellt ein wichtiges Beispiel für ein Hormon dar, das sowohl ganz basale körperliche Prozesse wie Organwachstum beeinflusst als auch in sehr differenzierter Weise in den Wirkungsmechanismus von Neurotransmittern eingreifen kann und selbst als Neuromodulator wirkt. Umgekehrt hängt die Ausschüttung von Somatostatin von neurohumoralen Prozessen ab und unterliegt damit auch psychischen Einflüssen" (S. 186).

2.4 Adrenocorticotropes Hormon

Das adrenocorticotrope Hormon, kurz ACTH, ist ein Peptidhormon bestehend aus 39 Aminosäuren (Czihak et al, 1976, S. 539). ACTH ist ein glandotropes Hormon, welches im Hypophysenvorderlappen produziert wird und dessen Zielorgan die Nebennierenrinde ist (Assen, 2016, S. 84; Schmithüsen, 2015, S. 213). Es ist zusammen mit dem entsprechenden Releasing-Hormon CRH (Corticotropin-Releasing-Hormon) Teil eines Regelkreissystems, also einer funktionalen Achse, die auch Hypothalamus-HypophysenNebennierenrinden-

System (HHNS) genannt wird (Becker-Carus & Wendt, 2017, S. 46). Die Ausschüttung von ACTH unterliegt dabei dem CRH, welches im Hypothalamus bei Auslösung eines Stresssignals freigesetzt wird und darauffolgend in der Hypophyse die Sekretion von ACTH anregt. Stresssignale entstehen durch psychische oder physische Ereignisse, wie zum Beispiel bei Angst, Furcht oder Schmerz. Das ACTH gelangt dann durch die Blutbahn zu den Drüsen der Nebennierenrinde und weiteren Organen und löst die Ausschüttung von ca. 30 verschiedenen Hormonen aus (Becker-Carus & Wendt, 2017, S. 47; Gerber, 2020, S. 587). In der Nebennierenrinde werden Glukocortikoide wie unter anderem Cortisol freigesetzt, welches wiederum hemmend auf die weitere Freisetzung des hypothalamischen CRHs und des hypophysären ACTHs wirkt, wodurch der Regelkreis wieder geschlossen wird (Birbaumer & Schmidt, 2010, S. 132).

Verbildlicht dargestellt wird dieser Regelkreis in Abbildung 3.

Anmerkung der Redaktion: Diese Abbildung wurde aus urheberrechtlichen Gründen entfernt.

Abbildung   3:   HHN-Achse   (Quelle: https://opus.bibliothek.uni-wuerzburg.de/opus4-wuerzburg/frontdoor/deliver/index/docId/18953/file/Lehrieder_Dominik_Dissertation.pdf)

Die ausgeschütteten Corticoide stehen in wechselseitiger Wirkung mit vom Nebennierenmark ausgeschiedenen Catecholaminen (Adrenalin und Noradrenalin), dessen Ausschüttung direkt über Nervenverbindungen des Sympathikus veranlasst werden (Becker-Carus & Wendt, 2017, S. 47).

Wichtigste Aufgabe des ACTHs ist somit die Stimulation der Synthese und Sekretion von Nebennierenrindenhormonen wie beispielsweise dem genannten Kortisol. Damit spielt es eine bedeutende Rolle für das Stressbewältigungsverhalten (Becker-Carus & Wendt, 2017, S. 47; Schandry, 2016, S. 188).

3. Biofeedback

Der Begriff Biofeedback meint die Rückmeldung von körperlichen Prozessen, die meistens unbewusst reguliert werden bzw. ablaufen. Solche Prozesse sind beispielsweise die Herztätigkeit, die Muskelaktivität, die Atmung oder die Gehirnaktivität (Wiedemann & Krombholz, 2016, S. 4). Es beruht auf der Idee, durch Lernprozesse körperliche Funktionen zu verändern und verfolgt damit das Hauptziel, Selbstkontrolle über körperliche Vorgänge zu entwickeln. Dabei sollen körperliche Funktionen sowie das körperliche Wohlbefinden positiv beeinflusst werden (Rief & Bernius, 2011, S. 1). Bis in die 60er Jahre wurde vermutet, dass das operante Konditionieren ausschließlich für willentliche Handlungen funktioniere, da unwillkürliche Verhaltensweisen der Kontrolle des autonomen Nervensystems unterlägen. 1965 konnte der Psychologe Neal I. Miller aber in verschiedenen Tierexperimenten nachweisen, dass auch autonome Funktionen wie Herzschlagfrequenz, Blutdruck etc. durch bestimmte Verstärkungsmechanismen bis zu gewissen Maßen bewusst regulierbar sind. In seinen Erkenntnissen sah Miller große Chancen für die Entwicklung praktischer psychotherapeutischer Behandlungen (BeckerCarus & Wendt, 2017, S. 329). Um also internale Reaktionen und Reize frühzeitig bewusst Wahrnehmbar zu machen, werden bei der Biofeedback-Behandlung heute mittels bestimmter Messinstrumente Informationen über Körperprozesse sichtbar gemacht, um entsprechende (Gegen-) Maßnahmen einleiten zu können. Dadurch wird also die Verbindung von Körper und Geist ermöglicht. Durch Übung soll dann erlernt werden, solche Körperprozesse auch ohne Messinstrumente zu erkennen und zu regulieren (Wiedemann & Krombholz, 2016, S. 4). Dabei unterliegt Biofeedback den grundlegenden Prinzipien des operanten Konditionierens (Becker-Carus & Wendt, 2017, S. 329). Reif & Bernius (2011) fassen zusammen: „Bei der Biofeedback-Behandlung werden körperliche Funktionen den Patienten kontinuierlich zurückgemeldet (z.B. optisch oder akustisch) und positive Veränderungen dieser Körperfunktionen verstärkt, sodass die Patienten lernen können, die Körperfunktionen zu beeinflussen" (S. 2). Der Vorteil der Biofeedback-Behandlung liegt vor allem darin, dass im Gegensatz zu anderen medizinischen Methoden keine Nebenwirkungen durch die Behandlung auftreten und es stattdessen nur spezifisch auf solche Körperfunktionen wirkt, die zur Genesung angesprochen werden sollen (Rief & Bernius, 2011, S. 1). Eine Unterform des Biofeedbacks ist das Neurofeedback, auf welches in den folgenden Kapiteln genauer eingegangen werden soll.

3.1 Neurofeedback

Bei Neurofeedback handelt es sich um eine spezielle Form des Biofeedbacks, dass sich auf das Feedback von Gehirnaktivität bezieht. Die Gehirnaktivität wird bei einer Neurofeedback-Behandlung mittels des EEGs (Elektroenzephalogramm) gemessen, dessen Funktionsweise in Kapitel 3.3.1 erläutert wird (Wiedemann & Krombholz, 2016, S. 6). Das Neurofeedback setzt sich als eine recht aktuelle Methode zur Therapie von Störungen mit neurobiologischen Korrelaten durch, besonders aufgrund der Tatsache, dass Nebenwirkungen durch die Behandlung weitestgehend vermieden werden können (Strehl, 2020, S. 11). Wie beim

Biofeedback basiert das Neurofeedback auf den Grundlagen des operanten und klassischen Konditionierens, wobei hier aber der Wirkmechanismus eingeschränkt ist, da dem Organismus keine Rezeptoren für die Wahrnehmung der neurophysiologischen Aktivität zu Verfügung stehen. So sind beispielsweise der Muskeltonus oder die Schweißdrüsenaktivität einfacher wahrnehmbar, während die Gehirnaktivität unumgänglich an apparative visuelle oder akustische Rückmeldung gebunden ist. Daher ist auch hier die Wirksamkeit bzw. der Lerneffekt fraglicher als bei beim peripheren Feedback (Strehl, 2020, S. 19).

Während einer Therapiesitzung informiert das Neurofeedback den Patienten über seine aktuelle Gehirnaktivität, wobei eine Rückmeldungsschleife der Gehirn-ComputerSchnittstelle aus fünf Elementen entsteht, die in Abbildung 4 dargestellt wird.

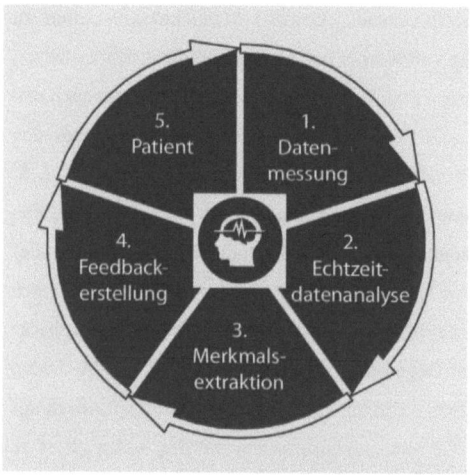

Abbildung 4: Fünf Elemente der Neurofeedback-Rückmeldungsschleife (Quelle: Enriquez-Geppert, 2019, S. 186)

Im ersten Schritt der Schleife, wird die Gehirnaktivität durch das EEG oder andere bildgebende Verfahren gemessen und darauffolgend im zweiten Schritt in Echtzeit analysiert. Im dritten Schritt erfolgt dann die Extraktion des neuronalen Merkmals, dass trainiert werden soll. In Schritt vier und fünf werden diese Merkmale in Form von Feedbacksignalen übertragen, woraufhin die Patienten versuchen ihre Gehirnaktivität entsprechend zu beeinflussen und die Schleife wieder bei Schritt eins ansetzt (EnriquezGeppert, 2019, S. 186). Nach dem Prinzip des operanten Konditionierens, bekommt der Patient eine positive Rückmeldung auf einem Computerbildschirm angezeigt, wenn die gewünschte Gehirnaktivität produziert wurde. Durch häufige Wiederholungen soll sich das Gehirn lernen, dass es durch diese Gehirnaktivität belohnt wird. Transferiert wird dieses Verhalten in den Alltag durch klassisches

Konditionieren. Dazu können beispielsweise Bildkarten des Trainingsbildschirms eingesetzt werden, welche die Patienten mehrmals am Tag ansehen sollen. Dann sollen sich die Patienten gedanklich vorstellen, was sie in der Therapie vor dem Bildschirm gemacht haben, um das Gehirn an die gelernten Strategien zu erinnern. Dadurch sollen die Bildkarten zu konditionierten Reizen werden, die mit der gewünschten Gehirnaktivität verknüpft wird (Geuecke, 2016, S. 35-36).

Die gängigsten Therapiemethoden stellen das Frequenzbandtraining und das SCPTraining dar. Bei Frequenzbandtraining sollen die Frequenzen gesteigert werden, die bei Konzentrations- und Aufmerksamkeitsleistung entstehen, während die Gehrinaktivität, die für einen schläfrigen, abgelenkten Zustand stehen verringert werden sollen. Dabei kann zwischen Alpha-, Beta-, Theta- und SMR-Training unterschieden werden, wobei bei jeden Patienten Individuell und abhängig von Verteilung und Ungleichgewicht der Frequenzen entscheiden werden muss, welches Training sinnvoll ist. Beim SCP-Training (Slow Cortical Potentials) soll erlernt werden, Kontrolle über die Erregungsschwellen zu erwerben. Slow Cortical Potentials sind langsame Hirnpotentiale, die kontrolliert werden sollen, um eine bessere Konzentrationsfähigkeit zu generieren (Geuecke, 2016, S. 36-37). Es werden in zufällige Reihenfolge Potenzialschwankungen trainiert, wodurch folglich phasische Veränderungen des EEGs im Vordergrund stehen (Schlottke, Strehl & Lauth, 2009, S. 421).

Es stellt sich zuletzt die Frage, in wie vielen Sitzungen und in welchen Zeitabständen das Neurofeedback angewendet werden sollte, damit ein maximaler Lerneffekt gegeben ist. Dazu scheint es besonders aufgrund dessen noch Unklarheiten zu geben, dass die geltenden Grundsätze in der Pädagogik, die verteiltes Lernen bevorzugen, sich auf vergleichsweise leichte Lerninhalte beziehen. Damit ist unsicher, ob dieses Prinzip auf die komplexe Aufgabe des Erlernens von Selbstkontrolle eines physiologischen Parameters übertragbar ist. Hinsichtlich der Zeitabstände zwischen den Sitzungen sind noch unterschiedliche Meinungen vertreten. Im Durchschnitt wird das Neurofeedback mittlerweile in zwei bis acht Sitzungen in der Woche angewandt, mit einer mehrwöchigen Pause nach ca. zehn Sitzungen. Auch die Anzahl der Sitzungen kann stark unterschiedlich sein und ist von Faktoren wie der Therapieform und dem Therapiegrund abhängig. So lieg die Anzahl der Therapiesitzungen von Patienten mit ADHS bei etwa 17 bis 50, während Patienten mit Epilepsie im Durchschnitt 25 bis 40 Sitzungen absolvieren (Strehl, 2020, S. 27).

3.1.1 Die Elektroenzephalographie

Das Prinzip des Neurofeedbacks beruht auf der Echtzeitmessung von Gehirnaktivität, über die der Patient mittels Feedbacksignalen informiert wird und entsprechend versuchen soll, gezielt Einfluss auf seine Hirnaktivität zu nehmen (Enriquez-Geppert, 2019, S. 186). Nach Enriquez-Gepper (2019) ist dabei die Elektroenzephalographie, das relevanteste bildgebende Mittel für die klinische Praxis (S. 186). Bei der Elektroenzephalographie werden durch Elektroden, die auf der Schädeldecke platziert werden, elektrische Felder gemessen, um die elektrische Aktivität der Nervenzellen im Gehirn zu erfassen (Voelcker-Rehage & Kutz, 2020, S. 78). Becker-Carus & Wendt (2017) beschreiben dazu: „Die aufgenommenen Hirnaktivitäten stellen Summenpotenziale der aktiven Neurone des Cortex dar. Sie müssen durch ein elektronisches Verstärkergerät um etwa 1.1 Mio. Mal verstärkt werden und können anschließend über ein Aufzeichnungsgerät, den Polygrafen, der mehrere Kurven gleichzeitig aufzeichnen kann (poly), sichtbar gemacht werden" (S. 216). Die dann zu erkennenden Kurven werden Elektroenzephalogramm (EEG) genannt (Becker-Carus & Wendt, 2017, S.216). Vorteilhaft an dieser Methode ist die hohe zeitliche Auflösung, wobei sowohl die endogen generierten elektrischen Oszillationen in verschiedenen Frequenzbändern gemessen werden als auch reizabhängige Veränderungen in Amplituden und Latenzen der elektrischen Signale (Voelcker-Rehage & Kutz, 2020, S. 78). Allgemein lässt sich ein Signal in vier Hauptfrequenzbänder unterteilen (Beta, Alpha, Theta, Delta). Sie unterscheiden sich in der Häufigkeit der Ausschläge pro Sekunde, welche die Erregung der Neurone ausdrücken. Solche Schwingungen werden in Hertz angegeben, wobei in Abhängigkeit zur Bewusstseinslage verschiedene Frequenzen dominieren (Wiedemann & Krombholz, 2016, S. 18). Die verschiedenen Frequenzen und die dazugehörigen Erregungszustände werden in Tabelle 2 dargestellt.

Name	Frequenzband	Erregungszustand
High-Beta	20-30 Hz	Anspannung
Low-Beta	15-20 Hz	Wach fokussiert
SMR	12-15 Hz	Motorisch ruhig fokussiert
Alpha	8-12 Hz	Unaufmerksam, entspannt, wach
Theta	4-7 Hz	Schläfrig
Delta	1-3 Hz	Tiefschlaf
Infra-low	0,1-0,0001 Hz	Erregbarkeit

Tabelle 2: Frequenzen des EEGs (Quelle: In Anlehnung an Wiedemann&Krombholz, 2016, S. 18)

Die gebräuchliche Anzahl an verwendeten Elektroden liegt heute zwischen 32 und 128 Kanälen (Voelcker-Rehage & Kutz, 2020, S. 78).

Nach verschiedenen Vorläufern wurde das erste menschliche Elektroenzephalogramm durch den deutschen Psychiater Hans Berger (1873-1941) entdeckt. Nach anfänglichen EEG-Experimenten mit Tieren, begann Berger nach dem ersten Weltkrieg ca. 1920 mit Forschungen über das menschliche EEG. Er erkannte dabei, dass Messungen an der gesunden Schädeloberfläche bessere Messergebnisse erbrachten als Messungen an Patienten mit offener Schädeldecke. Zusätzlich beschrieb er 1920 den so genannten Alpha-Block, der auch als Berger-Effekt bekannt ist. Dieser besagt, dass bei geschlossenen Augen im posterioren EEG der Alpha-Rhythmus dominiert, welcher an seiner Spindelform und der Frequenz zwischen 8-10 Hz erkennbar ist. Öffnet der Patient die Augen und verarbeitet damit visuellen Input, wird dieser Rhythmus unterbrochen und durch kleinere und schnellere Betawellen ersetzt (Wiedemann & Krombholz, 2016, S. 16-17).

3.1.2 Anwendungsgebiete des Neurofeedbacks

Nach Enriquez-Gepper (2019) wird das Neurofeedback überwiegend in drei Bereichen angewandt. Zum einem als therapeutisches Verfahren bei Patienten, dann bei gesunden Menschen als Training zur Leistungsoptimierung und zuletzt in der Forschung als experimentelle Methode, um mögliche kausale Zusammenhänge neuronaler Merkmale und kognitiver Funktionen zu untersuchen (S. 187). So findet Neurofeedback sehr vielfältige

Anwendung, besonders aber in Gebieten, in denen Störungen mit neurobiologischen Korrelaten vorliegen (Strehl, 2020, S. 11). Darunter fallen nach Haus et al. (2016) beispielsweise psychische Störungen in der Kindheit wie die Aufmerksamkeitsstörungen ADHS und ADS oder Autismus-Spektrum Störungen (S. 233), Angststörungen wie Phobien oder PTBS (S. 249), affektive Störungen wie Depressionen (S. 257), Chronische Schmerzen (z.B. Spannungskopfschmerzen, Migräne oder Fibromyalgie) (S. 261), Neurologische Störungen wie Epilepsie (S.269), Abhängigkeitserkrankungen (S. 275) und sonstigen Störungen wie beispielsweise Schlafstörungen, Tinnitus, Hypertonie oder Inkontinenz (S. 285). Nichtmedizinische Anwendungsbereiche stellen Trainings, Prävention aber auch Wellness dar (S. 295).

Beispielhaft soll hier die Anwendung von Neurofeedback in der Therapie der Aufmerksamkeitsdefizit-Hyperaktivitätsstörung (ADHS) dargestellt werden. Dabei kommt besonders häufig das in Kapitel 3.1 erläuterte Frequenzbandtraining zum Einsatz, bei dem gezielt versucht wird den Hirnstrom zu steigern, um Frequenzen zu erzeugen, die Konzentrations- und Aufmerksamkeitsleistung bestehen, oder zu senken. In den Trainingssitzungen werden die Patienten über Elektroden mit dem EEG verbunden, um die Hinströme zu messen. Die Frequenzen werden umgewandelt in Form von computergrafischen Darstellungen, wie einem Schiff oder einem Ball für die Patienten sichtbar gemacht. Dann soll versucht werden diese grafische Darstellung zu bewegen, beispielsweise nach Oben, was einem schnelleren Hirnstrombild entsprechen würde. So sollen über die computergrafische Rückmeldung verschiedene Aktivitätszustände erlernt und beeinflusst werden. Mittels des operanten und dann klassischen Konditionierens, wie es bereits beispielhaft in Kapitel 3.1dargstellt wurde, sollen die Patienten dann versuchen die erlernten Techniken in den Alltag zu transferieren (Holtmann, 2015; zitiert nach Schumacher, 2015,S. 22).

Bei ADHS spricht das Neurofeedback spezifisch die typischen Symptome wie Unaufmerksamkeit und Impulsivität an. Nach Holtmann (2015) zeigt die Therapie bei Kindern bei zwei Drittel bis vier Drittel der Patienten Wirkung und zeigt eine mittlere Effektstärke (Holtmann, 2015; zitiert nach Schumacher, 2015, S. 24). Dennoch das Neurofeedback eher als zusätzlicher Baustein ein umfassenderen ADHS-Therapie anzusehen.

Literaturverzeichnis

Assen, C. (Hrsg.). (2016). *Crash-Kurs Psychologie*. Springer Berlin Heidelberg. https://doi.org/10.1007/978-3-662-43359-1

Assen, C. von der. (2016). Biologische Psychologie I. In C. Assen (Hrsg.), *Crash-Kurs Psychologie* (S. 65–88). Springer Berlin Heidelberg. https://doi.org/10.1007/978-3-662-433591_3

Bauer, H., Kowalski, A., Heinrich, H., Gevensleben, H., Holtmann, M., Bölte, S., Rothenberger, A., Siniatchkin, M., Schmid-Schönbein, C. & Heinen, G. (2020). *Neurofeedback: Theoretische Grundlagen - Praktisches Vorgehen - Wissenschaftliche Evidenz* (U. Strehl, Hg.) (2. Auflage). Kohlhammer Verlag.

Becker-Carus, C. & Wendt, M. (Hrsg.). (2017). *Allgemeine Psychologie*. Springer Berlin Heidelberg. https://doi.org/10.1007/978-3-662-53006-1

Becker-Carus, C. & Wendt, M. (2017). Neurowissenschaft und Verhalten – biologischphysiologische Grundlagen. In C. Becker-Carus & M. Wendt (Hrsg.), *Allgemeine Psychologie* (S. 31–72). Springer Berlin Heidelberg. https://doi.org/10.1007/978-3-662-53006-1_2

Birbaumer, N. & Schmidt, R. F [Robert F.] (Hrsg.). (2010). *Springer-Lehrbuch. Biologische Psychologie*. Springer Berlin Heidelberg. https://doi.org/10.1007/978-3-540-95938-0

Birbaumer, N. & Schmidt, R. F [Robert F.]. (2010). Endokrine Systeme (Hormone). In N. Birbaumer & R. F. Schmidt (Hrsg.), *Springer-Lehrbuch. Biologische Psychologie* (S. 117–140). Springer Berlin Heidelberg. https://doi.org/10.1007/978-3-540-95938-0_7

Birbaumer, N. & Schmidt, R. F [Robert Franz]. (2006). *Biologische Psychologie* (6. Aufl.). *Springer-Lehrbuch*. Springer.

Czihak, G., Langer, H. & Ziegler, H. (1976). *Biologie*. Springer Berlin Heidelberg. https://doi.org/10.1007/978-3-642-96095-6

Enriquez-Geppert, S. (2019). Neurofeedback aus der Perspektive der Neurowissenschaften. *Psychotherapeut, 64*(3), 186–193. https://doi.org/10.1007/s00278-019-0351-3

Folta-Schoofs, K. & Ostermann, B. (2019). *Neurodidaktik: Grundlagen für Studium und Praxis*. Kohlhammer Verlag.

Gerber, M. (2020). Sport, Stress und Gesundheit. In J. Schüler, M. Wegner & H. Plessner (Hrsg.), *Sportpsychologie* (S. 581–606). Springer Berlin Heidelberg. https://doi.org/10.1007/978-3-66256802-6_25

Gerrig, R. J. (2018). *Psychologie* (21. Aufl.). *PS, Psychologie*. Pearson.

Geuecke, L. (2016). *ADHS im Erwachsenenalter: Ein Ratgeber für Betroffene, Angehörige und Ergotherapeuten* (1. Aufl.). *Ratgeber für Angehörige, Betroffene und Fachleute*. SchulzKirchner.

Haus, K.-M., Held, C., Kowalski, A., Krombholz, A., Nowak, M., Schneider, E., Strauß, G. & Wiedemann, M. (Hrsg.). (2016). *Praxisbuch Biofeedback und Neurofeedback*. Springer Berlin Heidelberg. https://doi.org/10.1007/978-3-662-47748-9

Kleine, B. & Rossmanith, W. (2014). *Hormone und Hormonsystem - Lehrbuch der Endokrinologie*. Springer Berlin Heidelberg. https://doi.org/10.1007/978-3-642-37092-2

Lobinger, B., Musculus, L. & Bröker, L. (Hrsg.). (2021). *Was ist eigentlich ...? Sportpsychologie*. Springer Berlin Heidelberg. https://doi.org/10.1007/978-3-662-63043-3

Lobinger, B., Musculus, L. & Bröker, L. (2021). Biologische Psychologie und Sportpsychologie. In B. Lobinger, L. Musculus & L. Bröker (Hrsg.), *Was ist eigentlich ...? Sportpsychologie* (S. 75–85). Springer Berlin Heidelberg. https://doi.org/10.1007/978-3-662-63043-3_6

Myers, D. G. (Hrsg.). (2014). *Springer-Lehrbuch. Psychologie*. Springer Berlin Heidelberg. https://doi.org/10.1007/978-3-642-40782-6

Myers, D. G. (2014). Neurowissenschaft und Verhalten. In D. G. Myers (Hrsg.), *SpringerLehrbuch. Psychologie* (S. 49–88). Springer Berlin Heidelberg. https://doi.org/10.1007/978-3642-40782-6_3

Rief, W. & Bernius, P. (2011). *Biofeedback: Grundlagen, Indikationen, Kommunikation, praktisches Vorgehen in der Therapie* (3., überarb. und erw. Auflage). Schattauer.

Rockstroh, S. (2011). *Biologische Psychologie. UTB: Bd. 3374*. Reinhardt.

Schandry, R. (2016). *Biologische Psychologie: Mit Online-Material* (4.überarbeitete Auflage). Beltz.

Schiebler, T. H. & Schmidt, W. (1987). *Lehrbuch der gesamten Anatomie des Menschen*. Springer Berlin Heidelberg. https://doi.org/10.1007/978-3-662-00118-9

Schlottke, P. F., Strehl, U. & Lauth, L. W. (2009). *Aufmerksamkeitsstörungen*. In Schneider, S. & Margraf, J. (Hrsg.). *Lehrbuch der Verhaltenstherapie*. Springer.

Schmithüsen, F. (Hrsg.). (2015). *Springer-Lehrbuch. Lernskript Psychologie*. Springer Berlin Heidelberg. https://doi.org/10.1007/978-3-662-44941-7

Schmithüsen, F. & Anton, F. (2015). Biopsychologie. In F. Schmithüsen (Hrsg.), *SpringerLehrbuch. Lernskript Psychologie* (S. 159–243). Springer Berlin Heidelberg. https://doi.org/10.1007/978-3-662-44941-7_4

Schneider, S. & Margraf, J. (Hrsg.). (2009). *Lehrbuch der Verhaltenstherapie*. Springer.

Schüler, J., Wegner, M. & Plessner, H. (Hrsg.). (2020). *Sportpsychologie*. Springer Berlin Heidelberg. https://doi.org/10.1007/978-3-662-56802-6

Schumacher, B. (2015). „Neurofeedback ist ein Baustein in der ADHS-Therapie" (2015). *pädiatrie: Kinder- und Jugendmedizin hautnah, 27*(3), 22–24. https://doi.org/10.1007/s15014015-0375-2

Voelcker-Rehage, C. & Kutz, D. F. (2020). Neurokognition und Bewegung. In J. Schüler, M. Wegner & H. Plessner (Hrsg.), *Sportpsychologie* (S. 69–88). Springer Berlin Heidelberg. https://doi.org/10.1007/978-3-662-56802-6_4

Wiedemann, M. & Krombholz, A. (2016). Biofeedback und Neurofeedback. In K.-M. Haus, C. Held, A. Kowalski, A. Krombholz, M. Nowak, E. Schneider, G. Strauß & M. Wiedemann (Hrsg.), *Praxisbuch Biofeedback und Neurofeedback* (S. 3–21). Springer Berlin Heidelberg. https://doi.org/10.1007/978-3-662-47748-9_1